SELENE BRUNI

IL FIORE DELL'INFERNO

Youcanprint *Self-Publishing*

Titolo | Il Fiore Dell'Inferno
Autore | Selene Bruni
Immagine di copertina a cura dell'autrice

ISBN | 978-88-92657-47-2

Youcanprint Self-Publishing
Via Roma, 73 - 73039 Tricase (LE) - Italy
www.youcanprint.it
info@youcanprint.it
Facebook: facebook.com/youcanprint.it
Twitter: twitter.com/youcanprintit

*A chi ha conosciuto il dolore,
che ne faccia tesoro.*

Prefazione

La silloge "Il Fiore dell'inferno" nasce da una penna che si intinge di sofferenza per attraversare le fasi più dolorose della mia vita. Una vita travagliata fin dai primi anni d'età che mi porta a immergermi nell'arte della scrittura, per relegare nell'oblio della coscienza i mali da cui sono tormentata.

Al confine tra vita e morte, in bilico nella sospensione e nell'attesa in una dimensione che schiude le porte al sogno e dove si può toccare con mano il turbinio di sensazioni che costellano l'esperienza umana per attraversare il paradosso, l'enigma in questo viaggio metaforico. Ecco che il lettore si trova catapultato in un vortice di angoscia ma dal mare nero, dall'abisso in cui è precipitato può riemergere attraverso l'abbraccio salvifico della natura, attraverso l'invincibile speranza che combatte i demoni da cui l'io lirico è sopraffatto. Solo nel libero vagare, solo nell'osservazione della notte e nella rimembranza del passato si apre uno spiraglio di luce e questa volta con disincanto, disillusione si procede afferrando barlumi di realtà. Raggiungere l'inferno sarà l'apice del dramma o implicherà una rinascita? Eppure le tenebre non fanno paura. Non si teme il buio. Perché dal buio e dalle malinconie si trae l'ispirazione migliore.

E' così che sospinti da forze incontrollabili, da pulsioni inconsce e da una vena anticonformista si fanno dei brevi passi verso il compimento del proprio destino, si giunge al centro dei propri tormenti e ci si ribella alle malinconie, cercando l'evasione. Quei demoni, le catene invisibili di cui si è prigionieri diventano un pretesto per affrontare i deserti dell'anima, la solitudine, la consapevolezza di amori inafferrabili mentre si invoca lo spirito della natura e ci si imbatte in figure losche ai margini della società che presagiscono quasi la propria esclusione. Si viaggia dunque paralleli alla propria sorte, nel labirinto della psiche umana: la dimensione dell'introspezione psicologica ha il sopravvento. La bufera è prossima, il corpo è sazio di esecrabili bugie e si cerca di ridestare l'animo attraverso la dimensione del sogno.

Quello stesso animo ambiguo e vivificato da un fuoco ardente, sospinto da energie anarchiche che lo portano a scontrarsi con le consuetudini della società. Dal marasma della vita divampa quindi un incendio che rende schiavi di violente emozioni soggioganti e che l'io tenta di nascondere suo malgrado attraverso l'arma dell'ironia. Ma l'ironia non basta a cancellare, a dimenticare i ricordi indelebili ed ecco allora che le asprezze prendono di nuovo il sopravvento, trascinandolo in una tempesta divoratrice. Nelle dimensioni inconsce e ultraterrene si troverà la chiave della felicità o ci si abbandonerà all'esercizio della fantasia, essendo fedeli all'istinto? Riuscirà la luce a filtrare? Il male ha la sua bellezza e da questo fascino, da questo eterno peregrinare nasce un fiore fragile e delicato che può essere solo sfiorato perché rischia di appassire in fretta. In fondo il Sole è destinato a sorgere anche nei tormenti dell'inferno, negli scenari più aspri e cupi della vita.

Inchiostro

Mi basta solo una penna e scrivo io il mio destino,
confondo il bene con il male e creo un mondo
di cui sono protagonista assoluta...
un luogo in bilico, sospeso tra finzione e realtà,
dove sono intangibile e nessuno può raggiungermi,
dove il sublime e l'infinito si rincorrono in eterno
alla ricerca di un'utopia.

Tormenti e contraddizioni

Contraddizione, soave contraddizione
è un tormento che mi pervade
un'immagine riflessa nello specchio,
è il mio volto, è l'ombra di mille volti
un abisso nel quale adoro perdermi.
Contraddizione di un'anima ribelle
contraddizione dell'alba tenue
del tramonto dai colori intensi
dell'alfa e l'omega, della luce e l'oscurità
della fragilità di un vetro ma tagliente
della forza di una tempesta.

Contraddizione: un tormento lacerante,
un tormento nei meandri della psiche
ma un tormento nel quale
i demoni che esorcizzo mi regalano la pace.
Il caos regna incontrastato
nel tormento dell'anarchia e della libertà,
di cui la verità è sovrana
di cui assaporo l'ebbrezza giorno dopo giorno,
vincendo e perdendo, sfidando la vita
nel cammino dell'indipendenza.

Ma a te regalo la chiave del mio cuore
che è libero e vacante come il vento.

Lucky

Creatura indifesa, innocente
colma di vivacità ma ora stanca, ora esanime.
Esalasti l'ultimo respiro
lontano dal mio abbraccio salvifico.

Chiudesti gli occhi per sempre,
in un battito di ali, silenziosamente.
Sedici anni fa il tuo cuore batteva per la prima volta,
una scintilla di vita si accese nell'immenso.
In quei ricordi lontani scavo,
per intrappolare ciò che ne resta.

Le immagini incessanti, un flashback nella mia mente:
il tuo corpo freddo, gelido, immobile.
Ora danza e corre tra le stelle.
Il passato travolgente di un'infanzia,
un'adolescenza, una giovinezza
e tu anima mia, passo dopo passo
teso ad accompagnarmi in questo viaggio

sempre al mio fianco, dormivi accanto al cuore
e la tua fedeltà fu una promessa d'amore.
Gioivi e la musica era un sussurro,
una carezza per l'anima,
per un temperamento docile e affabile
ma dai tuoi occhi traspariva la tenerezza di un bambino.

Eternamente vivrai nell'anima mia,
eternamente quell'empatia e quella simbiosi ci legheranno,
eternamente il tuo ricordo apparterrà al mio cuore.

Ora Lucky giaci nell'arida terra,
nella brughiera selvaggia,
alla natura hai reso la vita
e il vento culla i tuoi sogni,
mentre piove: tutte le lacrime taciute piombano
giù dai cieli neri in un attimo d'impeto.

Illusione

Sentirò il vento accarezzarmi il viso
e lascerò che le mie illusioni scivolino via
attraverso la scia della brezza notturna,
per raggiungere un luogo dove i sogni si materializzano,
mentre questa sigaretta possa bruciare
insieme ai folli pensieri di una notte insonne,
privata della sua Luna...

Ma il vento della tempesta invernale,
li porterà così lontano
da raggiungere quell'oscura Luna
che non brilla nel cielo di questa notte insonne,
dove ogni sorta di follia annega nella sua disperazione...

Allora diamo vita a un'utopia,
che di queste scintille ne sia fuoco, ne sia magia.
Questa notte il tempo è nostro,
solo questa notte possiamo smarrirci nell'immensità
e confondere la realtà ...

Un'illusione che vaneggia,
un inganno che possa stravolgere i nostri sensi
o solo un abbaglio...
Non importa ciò che io sia,
quel che conta è che domani
sarò solo un ricordo.
Poiché arriverà la tormenta,
divoratrice spietata di vita:
distruzione, desolazione.

Travolse ogni cosa
scatenando la sua furia divoratrice
e sgretolò avidamente ogni illusione.
La pioggia poi cancellò le sue tracce.
Sorgerà quella stella
destinata a scaldare tutte le ferite,
a curare un cuore gelido?
Si delinea la consapevolezza che
nessun frammento del puzzle

può essere ricongiunto,
è un'arma a doppio taglio:
tagliente come una scheggia di vetro,
incapace di ricucire un cuore lacerato e sanguinante
incapace di cancellare i graffi dell'anima.

Ricomincio da qui, priva di ogni illusione.
Vuoto è quel puzzle, carente dei suoi pezzi di vita
ora ignoti ma adesso la luce può filtrare.

Luna

Fiera creatura dalla chioma dorata e il portamento felino
che della dolcezza fai la tua arma
sfidi la natura e il tuo coraggio è virtù.

Dolceamara belva, hai un sogno chiamato libertà
e lo spirito indomito è fuoco ardente, passione
che non si lascia corrompere dalle asprezze della vita:
ne è immune.

Sfoderi gli artigli e colpisci duro
ma la rabbia che si versa nel cuore
non annienta la tua volontà
quei graffi sono le tue lacrime,
le grida laceranti dell'anima
ma tu non sai piangere.

O occhi di Luna, quale mistero celi?

Dai ristoro al tuo essere
spezza le catene delle tue prigioni
e corri nel vento.

Amazzone selvaggia,
combatti per i tuoi ideali.

Guerriera dai mille volti
cancella l'ombra che giace nel tuo cuore
il fiore dell'intelligenza ti appartiene
ma tu una rosa selvatica sei.

Sangue sporco

Come un ago che trafigge la pelle,
un eco che si espande nell'aria, che diventa suono,
diventa rumore
o sogno lontano
che splende sulle torbide sabbie del passato,

sulle dune del deserto, dimmi
dov'è l'oasi della salvezza?
O sogno, che tu sia l'ago che inghiotta

questo sangue avvelenato, elimina le sue particelle
violenta ogni pensiero sporco,
ogni tossina contaminata...

Ridammi o sogno, la voglia di un sorriso.
Tirami su tirami su, dai...
che questo sangue sporco e violato
abbandoni il mio corpo.

Affinché mi inebri di te, o sogno.

Inferno

L'anima è intrisa di sogni senza lieto fine.
L'anima piange ma gli occhi si rifiutano di parlare.
Il vento scalfisce la pelle, il Sole brucia
e le cicatrici si rimarginano faticosamente.
Il bagliore della Luna da lieve conforto
alle ferite sanguinanti del cuore.
Come fiocchi di neve leggiadri,
i ricordi sbiadiscono pian piano
lasciando spazio ad un futuro
che non c'è e non sembra arrivare.
Affannosamente, cerco la strada,
il sopraggiungere tumultuoso della luce
affinché vinca questa lugubre realtà.
Non c'è tempo e non c'è luogo per i sogni
in questo viaggio folle chiamato vita.
La vista da quaggiù è un paradisiaco inferno.
Gli angeli li ha mangiati il cielo che ci scruta dall'alto
padrone del fato e sovrano di ogni cosa.
I miei artigli ormai non graffiano più,
sono amari cimeli di un corpo stanco.
Le lotte del passato son cibi marci e digeriti
ma padrone di quella forza che ormai mi ha abbandonata....
La vita è un inferno di amare verità
che posseggono il mio corpo
saziandolo ogni giorno ,cibandone la mente
sfiorandone la pelle
avida di sensazioni, di amore, magia.
Quella magia che ora tace silenziosamente.
Ma io ne scorgo la presenza
nel buio e nell'oscurità di questo non essere
che ha soppresso la vera me.
Sepolta , non si è salvata dal travolgere impetuoso della
maledetta metafora vita per quanto meravigliosa
possa essere per qualcuno.
Io la amo e la amai e l'amerò per sempre.

Petali di rose

Un fruscio leggero attraversò le rose perpetue
e i candidi petali iniziarono a riversarsi
a terra avvizziti uno dopo l'altro, come soffice velluto.

Al contatto delle dita quel morbido
tessuto vellutato era più soffice del manto della neve,
di quei leggiadri fiocchi che
lentamente si poggiavano sulla terra bruna,
rendendola pura e priva del peccato.

Ogni petalo racchiudeva magicamente
 in sé l'essenza della vita
ed io ero lì a osservare quello splendido spettacolo,
a guardare la vita che si sgretolava di fronte i miei occhi imperterriti.

Le mie calde lacrime inumidivano avide
 il volto di una bimba
e la coltre biancastra ne cancellava ogni traccia.
E cadde a terra appassita la rosa, spoglia del suo velluto.

Parole nuove

Con gli occhi annebbiati dalle lacrime
scrivo tristi parole.
Come è amaro il suono della solitudine,
piango.
Le certezze mi consumano come
si consuma una candela.
Cerco un'alba migliore
che possa distruggere
lo stridulo suono della tristezza,
annientare in un battito d'ali
quest'amara solitudine.

Tristezza

La tristezza è l'inchiostro della mia penna.
Mi nutro di angoscia e spengo la rabbia
affinché possa intingere nel calamaio della vita
nuovi versi dolenti.
Non mi consuma la fiamma dell'amore.
E' un'ombra che giace nell'oblio del cuore.
Non mi consuma l'ira divina,
ho lasciato ai miei ricordi sentimenti di disprezzo.
E' la schiavitù terrestre che mi incatena.
Questo corpo è una trappola.
Voglio agonizzare tra i prati verdi e
la rugiada mattutina.
Voglio agonizzare sotto un cielo di stelle e
dissolvermi nel vento.
Ho inseguito randagia una condizione illusoria
per tutta la vita: la libertà d'essere;
mentre la menzogna suscitava
molta repulsione in me.
Ora voglio questo e nient'altro.
Non l'adrenalina, non le sensazioni forti.
Voglio agonizzare e disgregarmi nel nulla.
Che cenere torni cenere!
Polvere alla polvere!

Fuoco

Guardo il fuoco in cerca di risposte esistenziali,
che le fiamme possano bruciare
anche i miei tormenti.
Vorrei un'esistenza bucolica,
dove i fiumi dirompenti
siano lo scenario di vementi tempeste.
Che possa ardere tra le scintille infuocate
questa disumana condizione
che mi rende prigioniera dei meandri della psiche.
L'incessante mia volontà si è consumata.
I coriandoli di luce inebriano le ombre del cuore
che giace e si consuma tra
le fiamme dell'inferno.
La mia anima alle porte dell'Ade invoca
una gloria che non arriverà mai,
invoca la pace ma la speranza
si è consumata nei carboni ardenti
ove giaccio anche io,
dimenticata nell'oblio
e incendiata di solitudine.

Petali d'argento

Cristalli della notte,
giacigli su cui restaurarsi
mentre i riflessi dorati
cullano gli errabondi, i solitari, i diversi
e le creature fatate si librano nell'aria
E' la suadente magia della notte.
Quando le viole sbocciano e
un eco melodioso si disperde nell'aria.
E' il canto solitario di un'anima
che invoca lo spirito della natura,
la sua potenza in grado di schiudere
mondi ulteriori.
Tu regina di cristallo,
eserciti tutto il tuo fascino.
Ti invoco: i tuoi raggi
sono petali d'amore.

Poesia dei viandanti

Vago errabonda nella natura sconfinata.
Che questo peregrinare possa portarmi
ad assaporare la vera libertà.
Vago errabonda e attraverso i deserti della mia anima.
Mi sospingo lontana tra terre remote e declivi
Mentre il vento culla i miei capelli.
Vago errabonda alla ricerca della mia anima.
L'ho perduta qualche Odissea fa e ora
mi perdo in un sentiero senza ritorno,
smarrendo anche il senno.
Dov'è il senso del mio eterno peregrinare?
Vago errabonda e la notte mi porta ristoro,
troverò un giaciglio ove crogiolarmi.
Vago errabonda cercando l'essenza della vita.
Le tenebre non mi fanno paura:
io sono tenebra.

Ballata senza fine

Mi rivolgo ai vincenti,
svelatemi la chiave del vostro successo.
Regalatemi il passaporto per la felicità.
Vi sfido! Scambiate le vostre vittorie
con la mia tormentata esistenza!
Ho vissuto nei ghiacciai della tundra,
ho attraversato i deserti della solitudine.
Indelebile la memoria della bufera che mi afflisse.
La speranza si specchiò sulle acque del Tevere
per dirmi ancora una volta:
fuggo da te come tu scappasti insolentemente dalle regole.
Il mio cuore è con i perduti,
questa ballata è solo un modo per dare voce
ai vostri pensieri reconditi.
La vostra anima brucia,
allora bruciamo insieme.
Mi sono persa anche io.
Danniamoci attraversando una nuova tempesta.
Non temo le bufere che attanagliano la vita.
La vita stessa è una bufera senza fine.
Ho vissuto nei ghiacciai della tundra,
ho attraversato i deserti della solitudine.
Indelebile la memoria della bufera che mi afflisse.

Sensibilità

Improvvisamente un calore mi pervade,
mi tocca l'anima.
Vorrei sfiorare questo raro fiore
per posarlo subito dopo.
E' così delicato e fragile.
La tua fragilità mi spaventa.
un sussurro può ucciderti.
Forse sei uno spiraglio di luce,
forse puoi rischiarare l'animo più torvo
ma tu sensibilità sei una nemica da combattere.
Tu sensibilità cogli le sfumature
ma la vita è uno schiaffo che non ha pietà.
Calati nelle vesti di una guerriera
e scordiamoci questo immenso candore
che di te mi dice: sei fragile!

Meretricio cittadino

Le dame della notte si vendono alle soglie della stazione
mostrano il corpo nudo, le forme procaci e
attendono tempi migliori sul marciapiede.
Le dame straniere come regine intonano l'inno della vanagloria   e
un'anima solitaria cercano affinché possa intorpidire i loro sensi.
In strani incontri mi imbatto,
mi immergo nell'oscuro lato cittadino
di una Roma a me ignara
e mentre vago una bella dama s'intrattiene.
Squallide presenze, peccaminose di lussuria
ingorde di trasgressione ululano al vento
affinché possa disperdere il loro richiamo.
Non temono il freddo, non provano vergogna
queste bambole di porcellana
sfidano le intemperie
mostrano al mondo le loro grazie
e quella carne in vendita
alla mercé del primo acquirente
ricorda un sobborgo parigino
ricorda che l'oscenità è l'essenza di
 un animale chiamato uomo.
Improvvisamente il cinturino della mia scarpetta si rompe
la mezzanotte è scoccata
che fai Cenerentola non torni a casa?
Lascia alla notte i suoi segreti.

Vampiri

Del sangue vi nutrite
creature demoniache
che del male siete l'essenza.
Non paletti d'argento
non crocifissi
quello che temete è la vostra ombra solitaria.
Perché diversi, emarginati vi rende
la vostra temibile condizione.
Oltre la leggenda, oltre la fantasia
si erge l'umana condizione di un corpo
che solo dal sangue
trae il suo giovamento
e tra riti pagani e satanici al
male avete giurato fedeltà.
Quale male?
Il male di un'incerta superstizione
o il male puro e semplice di essere
se stessi.

Notti insonni

I pensieri si susseguono in questa notte immensa
e la rabbia si versa nel petto.
Morfeo dove sei? Giochi a nascondino?
Impossessati del mio corpo mentre mi tormento.
La testa mi esplode ,sembra dinamite.
I minuti scorrono lentamente
avverto il ticchettio dell'orologio
che scandisce le mie inafferrabili riflessioni.
A loro do la caccia perché cessino,
mi diano una tregua e la pace dei sensi.
Voglio spegnermi anche io,
Morfeo ti supplico. Fuori albeggia ,
sento il cinguettio degli uccelli.
Ecco che finalmente le mie palpebre si chiudono
e il sonno si impadronisce di me.
Che pace, finalmente lontana da questi vementi tormenti!

Se io riuscissi

Se io riuscissi a catturare questo cielo,
a fotografare questo sogno,
l'essenza di questo istante
sussurrerei con un filo di voce quelle parole
ma vorrei che tu guardassi
ciò che vedono i miei occhi ora
per stringersi in questo incanto
e rubarsi i respiri.

A lei

Ti incontrai in una giornata estiva
nel fiore della tua giovinezza:
ti dondolavi sull'altalena sicura e

i raggi del Sole illuminavano il tuo viso.
I lunghi capelli corvini ondeggiavano come il mare
e i tuoi occhi sorridevano.

Eri candida come l'infanzia
pura e innocente
delicata come le cose da sfiorare e basta

ma dal tuo sguardo trapelava una certezza:
la sicurezza di due presenze che ti presero per mano.
Il tuo viso diafano e orientale ora gioiva.

Rimembravo passeggiate
che nella mia vita non erano mai avvenute
fianco a fianco alla serenità.

Poi svanisti:l'immensa nave ti prese con sé e
di te rimase solo un'ombra lontana
mentre il mare continuava a inghiottire i ricordi.

Lettera perduta

Vorrei esprimere ciò che provo
ma i miei sentimenti martorizzano il mio corpo
non sono capace di esternare il fuoco che mi consuma
divampo ma sono restia ai legami.

La melassa non fa per me. Cosa ne è di quello che sento?
Vi vorrei narrare di lacrime e amare verità,
vorrei un calore che scaldi questo involucro dal gelo

Anaffettiva io sono? Sento profondamente ma
le emozioni che scaldano il mio sangue non emergono dall'abisso della
mia anima

sogni da condividere dietro questa fervida immaginazione
O grida da far riecheggiare
lacrime da esternare, rabbia che esplode

tutto si riduce all'essenza della pena
ed il brivido emerge attraverso una flebile risata
L'ironia mi ha seppellita ed è una tomba che amo.

Vorrei essere una tenera amante ma
 ascolto immobile lo scorrere incessante della vita mentre mi perdo nella
voce di un sogno. Tutto quello che mi manca è quello che sono.

Premonizioni

Il caos che suggella la vita si manifesta sovente
attraverso un presagio.
Un nastro che si riavvolge da sé.
Ho già vissuto questo momento?
Déjà-vu che apri le porte dell'inconscio ti conosco.
Bella e spettrale la mia premonizione
fa di me una dea o la divinazione è un segno del male?
I dubbi lasciano spazio ad una certezza: sapevo come finiva.
L'avevo letto nelle stelle.
E' il fato che mi mette alla prova o
sono io che metto alla prova il fato?
Il dono spaventa perché la vita non sorprende.
Ma nella foschia ,nella brutale nebbia dell'esistenza
un faro mi illumina
quello di vedere le cose prima che siano.
Batterò i sentieri più ignoti perché il mio cuore cela già
delle risposte che non vorrei conoscere.

Piazza Bologna

Come un'artista che dipinge
voglio tessere di te le tele migliori
quando le note dei sassofonisti
all'angolo della strada invadono l'aria
e il profumo di lievito si sparge su viale delle Provincie
quando un venditore ambulante implora
porgendoti le rose che teneri spasimanti mi regalarono
quando i clacson strombazzano e i pedoni attendono
spazientiti di attraversare la strada che si affolla di gente
alle sette durante l'ora di punta.
Quando i rintocchi delle campane riecheggiano e gli
studentelli affollano viale Ippocrate con il peso dei libri
e l'ora dell'aperitivo alle porte.
Mi perdo nel vociare chiassoso della folla ,
girovagando in questo amabile quartiere
quando la notte non fa paura perché
le vie non sono buie e desolate
e il frastuono dei metrò ti fa mancare la terra sotto ai piedi
mentre un giorno sta per volgere al termine e
i negozietti abbassano la serranda
ogni angolo è un ricordo
Piazza Bologna brulica:la vita è appena iniziata.

Trasgressione

L'oppio mordace che annebbia i sensi
l'accelerazione galvanizzante dell'auto
i baci saffici e l'ebbrezza del vino

Le gare clandestine,
le risse violente
e le fughe smodate

I balli suadenti e i furtarelli convulsi
il mero lato oscuro della mia psiche ha dominato
i giorni di una donna restia alle regole.

Non avvezza all'ordine ma vinta dall'anarchia
e dallo spirito di rivoluzione.
Le sommosse predilette dei giorni miei

destinate a sovvertire la società
mi facevano scappare profuga dai meandri
della razionalità e schiava sovente di

folli pulsioni inconsce in me lo spirito della
ribelle ardeva impaziente.
Una nuova azione illegittima da assaporare

rabbia suprema da vincere e Es da cui farsi dominare
i passi incerti di nuove illegalità
alla soglia di un confine infame tra logica e istinto

tra regole da infrangere e un'adolescenza da cardiopalma
con le baruffe e l'incoscienza tipiche della giovine età
ma un lascito d'eterno suggerisce che

la coscienza s'è macchiata ed ora
colpe da espiare mi attendono invano
in questo fuoco di trasgressione che è
l'istinto mio solenne.

Oriana

T'ho sognata stanotte.
Tu che con vemenza esprimevi le tue opinioni e
non temevi l'avversario più feroce
aspro e temprato era il tuo spirito battagliero
e filodrammatica assecondavi i tuoi pensieri.
La solitudine era la tua arma e ad ella brindavi
rimembrando forse i grandi amori del passato che
si erano spenti come fiamme ma
inarrestabile la tua tenacia di fronte l'alieno
invincibile la forza della ragione
invincibili la rabbia e l'orgoglio.
Eri la nemica più ostica, eri una belva dolceamara
temeraria come solo una donna sa essere
come Penelope alla guerra
conscia dell'inutilità del sesso a cui apparteniamo
ma incredibilmente un uomo.

Amica mia

Ridevo tanto sulla strada del ritorno alle porte della notte
sul sentiero che separa le nostre case
e in cuor mio conservo le nostre risate per i giorni peggiori

quei giorni di fatica che vorrei dimenticare.
Tra malandrine risate e dolci assaggiati
tra sogni scambiati e chiacchiere perdute

nel nostro vociare confuso
si consuma l'ardua gioventù
una perla di saggezza o

un consiglio del mio animo proverbiale:
le parole fluiscono rapidamente
Che bene prezioso da preservare l'amicizia!

Quando la vita pesa troppo c'è sempre qualcuno
che possa sollevarti dai macigni.
Ah! C'è sempre qualcuno con cui condividere
i dolori dell'esistenza.

Mia cara provo una gioia immensa
nel saperti vicina a me e spero che tu possa dire lo stesso
degli amabili giorni trascorsi insieme.

Amori platonici

Giacevo nella notte con dei teneri amanti
che ignoravano la mia esistenza e
con loro trascorrevo i miei momenti più beati
gustando il dolce nettare di Cupido.

Tessevo le trame come d'incanto e
sognavo un romanticismo fiabesco.
Negli sguardi degli sconosciuti mi perdevo ,
cercando tracce di voi.

I grandi amori della mia vita non furono altro
che una proiezione della mia mente
fantasmi di un'anima tormentata
 che amava romanzare sulla vita.

Se Dio sapesse quante notti ho perso
 sognando ciò che non è mai avvenuto
e quante lacrime hanno rigato il mio viso:

la disperazione dell'amore mi animava
ma era un amore intangibile, inafferrabile come il vento
e solo con la bramosia di una donna innamorata
che ardeva di desiderio potevo sperimentare la passione bruciante
frutto di amori proibiti.

Ogni giorno diversa

Fugace e transitoria l'inafferrabile anima che ti appartiene
ogni giorno con l'ardente consapevolezza di
non essere mai la stessa.
Passeranno le notti, passeranno gli inverni ma fedele
alle tue verità resterai
timida e loquace,
forte e fragile
questo apparente marasma nel quale
perdersi è un'idolatria a cui non cederai
chiudi gli occhi e ascolta i pensieri audaci
attraversa l'equazione del caos
quell'indecifrabile mistero che racchiude gli occhi tuoi
e poi decantane le debolezze
perché al ghiaccio vorresti appartenere
ma sai l'emotività a cui sei avvezza
non sempre è una debolezza.
Ricorda che di briciole ti nutristi.
Cercavi i resti delle passioni vementi
come fogliame vermiglio d'autunno.
Rasserenati della mortal condizione
che della chimica ti rende prigioniera
se oggi pensi che speranze non hai
e che per sempre resterai
schiava di te stessa.
Quante donne sei,
quante donne vuoi essere?
Se ogni giorno ti svegli e un'altra persona diventi.
Cogli le intangibili sfumature dell'arcobaleno
dipingi sulla tela della vita dolcezze mai viste.
Ma ricorda che i colori dell'anima tua
sono le lacrime di rugiada su una rosa perpetua.

Coraggio

Nella triste sofferenza, nell'amara sconfitta
un grande coraggio prevalse.
Mi dominava e lottai, lottai e ancora lottai.
Dal buio emerse uno spiraglio di luce
trovai l'uscita del labirinto
ma mai un dì era stato estraneo alla speranza.
Questo folle coraggio che mi spinge a lottare
quando sto per annegare
è l'arma dei prodi guerrieri
che nella nostra indelebile memoria sono impressi.
Come nei miei giorni dispersi
a vagar per l'Europa
quando la Dea Bendata mi aveva abbandonato.
Ti rimembrai e tu sorgesti da una scogliera
come brezza marina e io sfidai ancora e ancora la sorte
ma la mia temibile volontà mi accompagnò
nelle peregrinazioni infinite di chi cercava l'anima sua.
E ti scambiarono per incoscienza e forse
ebbero ragione ma tu
amico mio non mi abbandonare
perché quando inizio ad avere paura
sei l'unico che non mi fa tremare.

Occhi di ghiaccio

I tuoi occhi di ghiaccio
erano un oceano nel
quale perdersi
e la tua mano
così calda.
Io la afferrai
e una nuova forza
si impadronì di me.

Randagia

Randagia come una gatta
sento che il mondo non mi appartiene
e su mere fantasie costruisco
castelli di sabbia che il niente
può spazzare via.

Aspetto l'onda che
si infrange sulla coscienza
per destare ancora una volta
nel mio animo
i sogni che mi consumano.

Sono lo spettro, il fantasma
che tormenta le notti dei peccatori
ma invoco i numi per un'ora di silenzio.

Demonio

Vani sogni nel girone degli iracondi
Caronte mi ha traghettato sullo Stige.
E sognavo l'Eden ma una vita non bastava
ad arginare il male assoluto.
E fui, fui tante cose
alcuni mi chiamarono per nome
e fui soltanto il demonio.

Gioia calma

La gioia calma degli occhi tuoi
anche se sono spenti e stanchi.
Te che sulla pelle hai
i segni della corrosione,
del tempo cannibale e
mi dici di avere coraggio
quando la vita fa tremare.
Vorrei stringerti la mano
e non lasciarla andare più via
ma so che fuggirai, fuggirai dalla presa
sotto la morsa dell'erosione.
Non sei la roccia eterna e immutabile,
sei la pianta di giunco
e io vorrei che nessuna tempesta
ti portasse via.

Il mandorlo

Ricordo primavere felici e fioriture intense
quando il primo Sole di marzo
rendeva tiepida l'aria
e i petali tinti di rosa
si riversavano a terra
con un alito di vento.
Si consumarono così
i giorni spensierati dell'infanzia mia
all'ombra di quel mandorlo.
L'incarnato pallido della mia pelle
sapeva tanto di brezze primaverili.
E non ero mai stanca
delle dolcezze della natura.

Stelle d'infinito

Mi sussurra la notte
spiragli dalle tenebre mentre
un'ombra solitaria girovaga.
Tentavo di descrivere
queste stelle d'infinito,
le costellazioni dei sensi.
Quei legami indissolubili
che regnano indisturbati
mentre afferravo
l'apoteosi di un problema.

L'ultimo inganno

Nel meriggiare pomeridiano
trovai un'anima che mi apparteneva
sapeva di zingaro e cose proibite e
mentii a me stessa.
Profana, mi saziai di bugie
e la coscienza fu travolta
da temibili verità.
Ma io la intorbidii
in un calice di vino
e nell'attesa vana di risposte
assaporai la fascinazione del male.
La mia bocca era sporca di baci assassini
e sangue, e brandelli di anima
trasudavano da ogni parte
ma non cedevo alla realtà.
Mi lasciavo contaminare da
esecrabili menzogne
e poi quella scintilla
si spense nell'abisso del nulla.

Spegnimi in un bacio.
Dimmi addio perché voglio salpare
alla volta di terre proibite.
Non farò mai ritorno tra le tue braccia
tornerà solo l'ombra di me stessa.

Le mie ali si sono spezzate precocemente
Incenerirono come quelle di Icaro.
La nebbia si abbatté sul mio spirito.
Inerme di fronte la tumultuosità della vita
mi schiantai contro la verità .
E l'anima si perse.

Rinnego e bramo incessantemente.
In me nasce questo duello eterno
la lotta aspra tra ragione e sentimento
Dominerà l'una sull'altro?
Desidero e retrocedo
sui miei passi incerti.
Pretendo e poi annego
nel marasma della vita
ma dallo scetticismo, dalla noia
emerge la fantasia .
Quel candore dolce che
accarezza i vuoti della mia vita.

INDICE

Prefazione 5

Inchiostro 7

Tormenti e contraddizioni 8

Lucky 9

Illusione... 10

Luna 12

Sangue sporco 13

Inferno.. 14

Petali di rose... 15

Parole nuove 16

Tristezza... 17

Fuoco 18

Petali d'argento 19

Poesia dei viandanti 20

Ballata senza fine 21

Sensibilità... 22

Meretricio cittadino.. 23

Vampiri 24

Notti insonni 25

Se io riuscissi 26

A lei.. 27

Lettera perduta 28

Premonizioni.. 29

Piazza Bologna 30

Trasgressione 31

Oriana... 32

Amica mia.. 33

Amori platonici 34

Ogni giorno diversa 35

Coraggio... 36

Occhi di ghiaccio 37

Randagia 38

Demonio... 39

Gioia calma 40

Il mandorlo... 41

Stelle d'infinito 42

L'ultimo inganno 43

Spegnimi in un bacio.. 44

Le mie ali si sono spezzate precocemente..45
Rinnego e bramo incessantemente...46

Finito di stampare nel mese di Aprile 2017
per conto di Youcanprint *Self-Publishing*